Soul of Atenas

GUÍA DE LAS 30 MEJORES EXPERIENCIAS

ESCRITO POR ALEX KING
FOTO DE PORTADA DE STEVEN BEIJER
FOTO DE CONTRAPORTADA DE THEO MCINNES
ILUSTRADO POR NONI NEZI

EDITORIAL JONGLEZ

Guías de viaje

"ATENAS ES UNA CIUDAD INESPERADA, UNA CIUDAD QUE INSPIRA LA IMAGINACIÓN COMO NINGUNA OTRA GRAN CIUDAD EUROPEA PORQUE ESTÁ HECHA DE *IMPREVISTOS*".

NIKOS VATOPOULOS
PERIODISTA, FOTÓGRAFO Y EXPLORADOR URBANO

EN ESTA GUÍA,
NO VAS A ENCONTRAR

– Cómo llegar a la Acrópolis (es una roca enorme, ¡imposible no verla!)
– Los mejores sitios para hacerte selfies
– Las "trampas para turistas" que hay en todas las guías
– Los restaurantes de Atenas con estrella Michelín (son fantásticos, no dejes de ir, pero puedes apañártelas sin esta guía)

EN ESTA GUÍA,
SÍ VAS A ENCONTRAR

– Los secretos de la cocina griega contemporánea
– Bebidas de colores
– Cines que harán que te salgan estrellitas en los ojos
– Las cabras más simpáticas de Atenas
– El sabor del paraíso
– El "kit de química" que produce el mejor vino de Grecia
– El mejor pescado de tu vida
– El paraíso de los *skaters* y de los artistas
– Un billete para el legendario Orient Express
– Las veladas góticas que te harán viajar en el tiempo
– La colección de arte griego que los atenienses desconocen

Esta guía no es exhaustiva – y no es realmente su objetivo. Salvo excepciones muy especiales, mi intención era sobre todo hablarte de lugares que no vas a encontrar en ningún otro libro. Si lo que buscas son las diez mejores cosas que hacer en Atenas, entonces usa mejor TripAdvisor.

Quería poner en la misma guía mis lugares predilectos – los que han hecho que me enamore de Atenas – y las auténticas joyas que he descubierto tras seguir muchas pistas secretas mientras escribía este libro. No es fácil describir Atenas en tan solo 30 experiencias excepcionales –tengo aún mucho que compartir contigo de esta increíble ciudad -, pero añadir más lugares era arriesgarme a que te perdieras. Guarda el resto para tu siguiente visita.

Llevo tres años explorando Atenas de cabo a rabo y casi siempre en bici – para gran horror de los locales. Pero estos últimos meses me he esforzado en ir más lejos. He suplicado a los que sabían bastante más que yo que me contaran sus secretos. Y me he sumergido en Atenas como no lo había hecho nunca. ¿Y cuál ha sido el resultado? Lo encontrarás en las páginas que sostienes en tus manos. Te deseo una estupenda lectura – y no temas perderte porque es cuando tu aventura en Atenas va a empezar realmente.

LOS SÍMBOLOS DE
SOUL OF ATENAS

Gratis

Menos de 40 euros

Más de 40 euros

Viaje en el
tiempo

Se aconseja
reservar

¡100 % Atenas!

No le damos a Atenas, la capital más infravalorada de Europa, el valor que merece. ¿Atenas para el turista medio? Un museo al aire libre flanqueado por una ciudad moderna, mugrienta y carente de interés. No es nada del otro mundo. La mayoría de los visitantes se conforman con ir y venir entre los lugares arqueológicos y las tabernas de Plaka y luego tirarse a echar raíces sobre una tumbona en las islas. Efectivamente, es una de las particularidades de Atenas, y nada te obliga a explorar más, pero no es en esa burbuja donde vas a descubrir el alma de Atenas.

Atenas tiene un carácter fuerte. No es de las que te hacen la vida fácil. Pero la energía y las oportunidades que se abren a quienes aprenden a quererla merecen mucho la pena. Conoce a los (jóvenes) atenienses – inteligentes, llenos de cultura y experiencia, siempre sorprendentes – y empezarás a atisbar el magnetismo de esta ciudad. Si hay una lección que aprender de estos últimos años es que en Atenas sabemos disfrutar de la vida, incluso en los momentos más difíciles.

Atenas ha sufrido más en estos diez últimos años que la mayoría de las ciudades en todo un siglo. Pero estos cien últimos años tampoco han sido un camino de rosas para Atenas. A mediados del siglo XIX Atenas se colocó, de ser un pequeño pueblo situado a los pies de la Acrópolis, entre las ciudades más grandes de Europa del Sur. Lo que hoy vemos en ella se remonta a menudo a la época de los Treinta Gloriosos, la edad de oro del capitalismo.

Pero crecer tan rápido conlleva una crisis de crecimiento garantizada: la Atenas moderna es un caos descontrolado sin pies ni cabeza, unida al centro histórico por una multitud de excavadoras y hormigón en detrimento de algunos de los edificios más antiguos y de los barrios viejos más encantadores. Atenas no es una reina de la belleza, pero su mosaico topográfico y arquitectónico tiene sus devotos. Aunque el hormigón ha engullido la mayoría de los espacios verdes de la ciudad, la salvación está en la montaña y, obviamente, en las islas que están casi pegadas a la ciudad.

En Atenas, la lucha por el espacio no da tregua. ¿Quién gobernará en la ciudad? La pelea es feroz, pero al contrario que otras grandes ciudades, ningún bando parece estar ganando. Incluso en pleno centro, tiendas y tascas de antaño conviven con los cafés de moda. Es la ciudad más auténtica que conozco: detenida en el tiempo y a la vez en constante cambio, se superponen, a plena luz del día, todos los estratos de historia, imperios, tiempos, tipografía, arquitectura y arte.

Me he esforzado en encontrar en esta guía un equilibrio entre las maravillas históricas que anclan la ciudad a su historia y las últimas innovaciones de los brillantes jóvenes que la arrastran inexorablemente al futuro. Es hora de devolverles el favor con esta carta de amor a Atenas que, espero, hará que tú también te enamores de ella.

30 EXPERIENCIAS

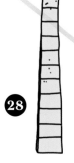

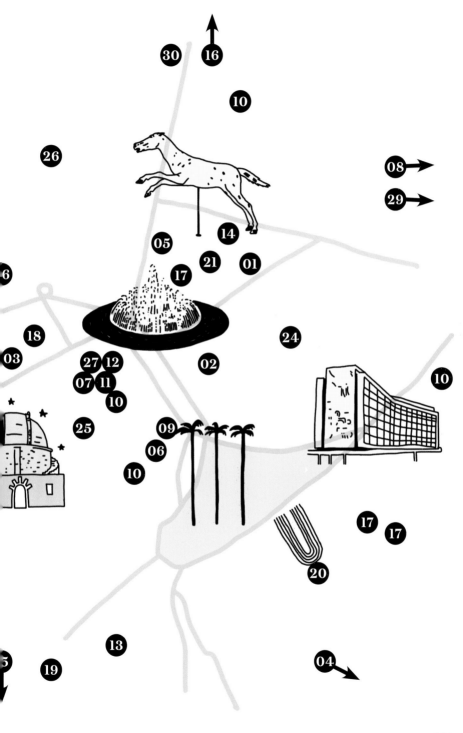

LA CIENCIA DE
LOS GRANDES VINOS

Para Stergios Tekeridis, el vino perfecto es ante todo una cuestión de ciencia. *Tanini Agapi Mou* significa "Tanino, mi amor". En el menú súper refinado de este sitio 1/3 bodega, 1/3 laboratorio y 1/3 invernadero urbano, puedes elegir entre 120 vinos griegos locales ecológicos, D.O.P. y D.O.C., servidos con lo que parece ser un kit de química para niños: un Coravin. Tras aspirar el vino por una aguja, Stergios lo inyecta en tu copa a la temperatura adecuada, impidiendo a la vez que el vino que queda en la botella se oxide al entrar en contacto con el aire. Detrás de la barra, la vinoteca hecha a medida parece sacada de una película de ciencia ficción de los años 1970. Pero no te dejes engañar porque sirve para conservar las botellas a una temperatura constante de entre 15° y 17° C. Es una idea brillante colocar las botellas inclinadas para que el tapón permanezca húmedo. Quesos y embutidos de toda Grecia se encargarán de incrementar la reacción de felicidad de tus pupilas gustativas. Y si quieres quedarte totalmente fascinado, pregúntale a Súper Taninios que te explique la ciencia del vino.

 TANINI AGAPI MOU
IPPOKRATOUS 91
EXARCHEIA, 106 80

MAR - DOM: 12 h - 02 h	+30 211 115 0145	Instagram: @tanini_agapi_mou

FOTO: ANGELOS GIOTOPOULOS

02

DESPERTARSE EN
LA ATENAS NEOCLÁSICA

Es un eufemismo decir que Atenas debería cuidar un poco más sus edificios neoclásicos. La ciudad está plagada de suntuosas villas palaciegas del siglo XIX en lenta decadencia... gracias a la burocracia y a los restrictivos planes de urbanismo. Pero si quieres ver los milagros que se pueden conseguir con una buena reforma, no dejes de visitar al señor Didot.

Con su hotel boutique de temática literaria que construyó a partir de unas auténticas ruinas, el señor Didot rinde homenaje al empresario francés Firmin-Didot, de nombre Ambroise. En 1821, durante la guerra de independencia griega, Ambroise trajo a Atenas una máquina de impresión portátil y las tipografías de su abuelo, y abrió una imprenta cerca de dónde? En Grecia, le debemos el éxito de la fuente tipográfica Didot. Cada habitación del hotel tiene su propia personalidad, con una decoración impecable rebosante de libros y elementos arquitectónicos a la vista que narran la historia del edificio. Totalmente literario, es el sitio donde dejar las maletas y encontrar la inspiración para tu próxima obra maestra.

 MONSIEUR DIDOT
SINA 48
KOLONAKI, 106 72

| 110 a 180 €/ noche | +30 210 363 7625
+30 694 894 9185 | monsieurdidot.com |

03

UN OASIS URBANO
PARA *SKATERS*

El Cerámico es el tipo de barrio donde te topas fácilmente con un burdel o te cruzas con unos toxicómanos en pleno "viaje". Pero tras las altas rejas de la calle Leonidou se esconde un oasis para *skaters*. Construido por el arquitecto y *skater* griego Zachos Varfis, Latraac es un *skate-bowl* con un espacio experimental añadido que *skaters* de todo tipo han adoptado rápidamente, así como artistas, músicos y expatriados que siguen su estela. Es un lugar único, en Grecia o en cualquier otro lugar, en el que uno nunca sabe si se va a encontrar con un espectáculo de danza contemporánea, con una velada salvaje o con una competición de los *skaters* más feroces.

LATRAAC SKATE BOWL
LEONIDOU 63-65
KERAMEIKOS, 104 35

| MAR - DOM: 17 h - 1 h | +30 213 045 3377 | latraac.com |

ESS
REA

04

SUMÉRGETE EN
EL AZUL INFINITO

Con centenares de islas paradisíacas prácticamente al alcance de la mano, es fácil olvidarse de que Atenas también puede presumir de playas. Aunque algunos atenienses no dudan en tirarse de cabeza desde las rocas del Pireo, te aconsejamos que te mantengas a buena distancia de los barcos. Ve más bien al sur de Palaio Faliro, hacia la Riviera ateniense: 60 kilómetros de costas hasta el sublime templo de Poseidón al final del cabo Sunión.

Encontrarás todas las playas de tus sueños tras pasar Vouliagmeni – arenas doradas y aguas cristalinas. Versión playa de lujo en Asteras o pequeña cala idílica en Limanakaia o Kape, hasta las playas más alejadas están a solo dos horas en autobús o coche del centro de Atenas. Termina tu día a lo grande en NAOBB, una taberna pegada al club náutico de Varkiza, saboreando un festín de pescado. El detalle que lo cambia todo: las mesas están sobre la arena.

VARIAS DIRECCIONES
AL SUR DE PALAIO FALIRO

FOTOS: MANOS CHATZIKONSTANTIS

BAR

Au revoir

05

EL BAR
NOUVELLE VAGUE

Dicen que el bar Au Revoir es el más antiguo de Atenas. Como habrás podido adivinar su ambiente te transporta a Francia – una Francia soñada por unos griegos viendo una película de Truffaut o de Godard en uno de los cines al aire libre de Atenas de los años 50.

Au Revoir abrió sus puertas en marzo de 1958. Creado por los hermanos Theodoros y Lysandros Papatheodorou, sigue siendo un negocio familiar. La Francia que este bar busca representar no ha existido probablemente nunca fuera de la gran pantalla, pero una velada en el Au Revoir es siempre algo memorable, gracias a su clientela de artistas cosmopolitas que encadenan conversaciones acaloradas hasta el amanecer.

 AU REVOIR
PATISSION 136
KYPSELI, 112 57

MER-DIM : 19 h / 4 h
Cerrado en el verano

+30 210 823 0474

FOTO: ORESTIS SEFEROGLOU

06

EN LA ESCUELA DE
GASTRONOMÍA GRIEGA

Ergon House es el lugar de visita obligada si quieres adentrarte en el universo de la cocina griega. Ergon, que nació a partir de una tienda gourmet que dos hermanos de Salónica abrieron en 2011, es ahora una red de pequeños productores griegos independientes - ¡además de una marca que se vende en el mundo entero!

En este ágora (mercadoplaza) de nueva generación, encontramos: un bar, un restaurante, una verdulería, una carnicería, una pescadería, una panadería, una tienda gourmet con nada menos que 1200 productos artesanales, y hasta un tostador de café. En el muro, un jardín vertical de 25 metros de altura donde crecen verduras y hierbas aromáticas de temporada, cosechadas por el jardinero del lugar. Como recuerdo. Evidentemente.

El enorme atrio se parece a un gran Athenaeum de la gastronomía griega. Pero llamarlo "universidad de los gourmets" sería sin duda más acertado: en el elegante hotel de la primera planta, los alumnos preparan sus propios platos en los talleres que se celebran en las cocinas hechas a medida. Ábrete a la increíble gastronomía griega, entre seminarios de enología, clases de cocina y sesiones de degustación. ¿La recompensa para los alumnos más brillantes? Unos cócteles en la terraza abierta al público.

ERGON HOUSE
MITROPOLEOS 23
SYNTAGMA, 105 57

TODOS LOS DÍAS: 12 h - mediano   +30 210 010 9090   house.ergonfoods.com

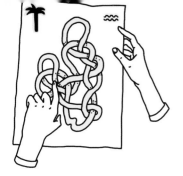

PERDERSE EN
UN LABERINTO URBANO

Salir en busca de stoas, esas antiguas construcciones de columnatas que salpican la ciudad, es como sumergirse en otro mundo – y en otra época. En estos singulares pasadizos secretos dignos de un laberinto, los letreros luminosos y los carteles retro en griego te transportan a un *Blade Runner* estilo Balcanes. Para los no iniciados, la única forma de acceder a esta ciudad dentro de la ciudad es de la mano de Natassa Pappa, diseñadora gráfica y editora/fundadora de la revista *Desired Landscapes*, durante una de sus visitas guiadas.

Las visitas Athens Walkthrough son el resultado de un proyecto de Natassa: conservar una huella de la antigua Atenas, en peligro de extinción, empezando por su tipografía típica. A raíz de este proyecto nació una guía para reactivar algunos itinerarios por el centro de la ciudad y para promover el "callejeo" por los rincones ignorados del tejido urbano desgarrado por la crisis. Sigue los pasos de Natassa para ver con otros ojos arquitecturas singulares, oficios de otra época y secciones subterráneas de las antiguas murallas de la ciudad.

📍 **ATHENS WALKTHROUGH**

LUN - SÁB: 10 h - 16 h

Previa reserva:
walks@desired-landscapes.com

FOTO: GEORGIOS MAKKAS

ΔΕΛΤΑ

Η Δέλτα
της γειτονιάς

STAR
ρες

Ο Φρεσκοκομμένος
καφές σας

ΠΡΟ·ΠΟ
ΛΟΤΟ
ΜΕ
COMPUTER

ΚΑΦΕΝΕ
το Στέκι

ΔΩΡΑ
ΑΥΤΟΣΙΠΥ
ΜΠΙΖΟΥΤΑ

ΑΝΤΙΓΡΑΦΑ

ώρα για

COOPER

Ανθη

φυτα

ΗΛΕΚΤΡΙΚΑ

ΓΡΑΦΑΙ

ΤΙΚΙΟΥΡ

ΟΡΙΦΕΡ

28.22.332

- NATASSA PAPPA -

DISEÑADORA GRÁFICA Y FUNDADORA DE *DESIRED LANDSCAPES*

"La crisis te da cojones", es la frase que retuve de mi primera entrevista con Natassa cuando llegué a Atenas. Y resume bien la filosofía de esta incansable currante a quien le debemos una buena parte de lo más creativo que hay en Atenas en los tiempos que corren.

¿Cuándo uniste Atenas al diseño gráfico?
Esta ciudad siempre me ha fascinado, pero sin darme cuenta realmente de que era mi tema favorito. Para mi trabajo de final de carrera creé una revista que dejaba en los sitios públicos. La gente se la podía llevar, la podía comentar, modificar o incluso romper. Fue una colaboración excelente con periodistas,

artistas y fotógrafos, como Danai Dragonea. Y por primera vez, auné espacio público y diseño gráfico.

¿Qué te inspira Atenas?
Cuando regresé tras terminar mis estudios en Holanda, Atenas me pareció un terreno de juego

FOTO: NATASSA PAPPA

apasionante. Pero con mi manía por el orden, me resultaba insoportable el caos que reinaba. Así fue como empecé a apuntar mis descubrimientos y recuerdos, a dibujar mis propios mapas. Fue paseando por las antiguas columnatas cuando entendí que otras personas también tenían que disfrutarlas. Y así nació el proyecto *Into Stoas*.

¿Cómo es el mundo del diseño gráfico en Atenas?

Es un microcosmos curioso, que en la actualidad exporta sus creaciones – la mayoría de los estudios tienen clientes en el extranjero. El diseño gráfico forma parte de nuestro día a día. Los mejores son Bend, G Design Studio, MNP, Vasilis Marmatakis, Karlopoulos & Associates, sin olvidar el estudio de animación Odd Bleat. Como profesora de diseño gráfico, estoy viendo crecer a una nueva generación y sus proyectos me dan muchas esperanzas.

Cuéntanos un poco de *Desired Landscapes*

Hace ya unos años que investigo sobre las representaciones de la vida en la ciudad. Gracias al éxito de mi proyecto *Into Stoas* pude conocer a gente del mundo entero y todos con historias que compartir: edificios similares en sus países, lugares que desprenden lo

mismo. Con la ayuda de otras personas que estudian la ciudad – arquitectos, periodistas, fotógrafos – profundicé en los contrastes y tendencias. *Desired Landscapes* es una recopilación de perspectivas, de otras maneras de visitar la ciudad, de nuevos lugares, sin separarse del todo de los preceptos del guía turístico.

¿De qué modo el diseño gráfico da claves sobre la ciudad?

Mi estrategia es no dar nunca todas las claves. Hay que dejar un poco de misterio.

Es una invitación a la curiosidad. Hay que mostrar lo justo para despertar la curiosidad, pero dejar que el lector haga el resto. Es estresante excluirlo todo. Hay que encontrar un equilibrio entre "perderse" y "sentirse perdido".

08

EL REFUGIO
DE LOS ENAMORADOS DEL ARTE

Es fácil olvidarse de que estás en Atenas, - o en el siglo XXI, de hecho -, tras los muros de este jardín amurallado. Mitad museo etnográfico, mitad galería vanguardista, el Vorres Museum es un remanso de paz poco conocido situado en pleno bullicio urbano. Aquí vas a descubrir dos milenios y medio de historia griega narrada desordenadamente a través de las obras de arte, de los objetos antiguos y de la papelería.

Este ecléctico museo nació en la mente de Ian Vorres cuando volvió de Canadá en 1964. Consternado por la destrucción de la que fue testigo durante la urbanización desenfrenada de la posguerra, Vorres prometió salvar todo lo que podría de la cultura preindustrial griega. Reformó una casa y unos establos del siglo XIX en el pueblo de Paiania para guardar sus tesoros cada vez más numerosos, a los que sumó al poco tiempo una de las colecciones más bonitas de arte contemporáneo griego. Importante: cuenta con pasar todo el día en este santuario atemporal donde el paso de las horas y de los siglos no tiene prisa.

 VORRES MUSEUM
PARODOS DIADOCHOU KONSTANTINOU 1
PAIANIA, 190 02

SÁB y DOM: 10 h - 14 h	+30 210 6642520	vorresmuseum.gr
LUN - VIE previa reserva	+30 210 6644771	
(cerrado en agosto)		

LA TIENDA DONDE COMPRAR
SANDALIAS GRIEGAS ANTIGUAS

Sin querer hacer un mal juego de palabras, Ancient Greek Sandals tiene un pie anclado en la tradición y la estética de la Antigüedad, y el otro en la moda contemporánea. Creada por Christina Martini y Nikolas Monoglou, la marca mezcla las épocas con una elegancia lúdica – como la mayoría de las mejores marcas atenienses actuales.

¿Hablamos de esas sandalias? Las fabrican a mano unos artistas locales talentosos, con la ayuda de técnicas que se usan desde hace siglos, sin productos químicos, con un cuero teñido al natural que con el tiempo toman una maravillosa pátina. Cerca de Syntagma, el *concept store* está decorado con telas, plantas verdes y azulejos azules típicos de los hoteles griegos de los años 1960 y 1970. ¿Estamos de vacaciones o en casa? Un poco de los dos. Además de las sandalias, llévate productos griegos cuidadosamente seleccionados: aceite de oliva, jabones, velas y cerámicas.

 ANCIENT GREEK SANDALS
KOLOKOTRONI 1
SYNTAGMA, 105 62

LUN – MIÉ - SÁB: 10 h - 18 h
MAR -JUE - VIE: 10 h - 21 h

+30 210 323 0938

ancient-greek-sandals.com

10

UN CHUPITO
DE CULTURA CAFETERA

El café es una religión en Atenas. Te da un chute de energía, hace las veces de "lubricante social" y su versión frappé es literalmente tu tabla de salvación en el apocalíptico calor veraniego. En estos últimos años, gerentes y baristas han subido el nivel abriendo una multitud de templos del café en los que encontrarás no solo los mejores cafés calientes o helados, sino también una decoración increíble, unas exquisiteces sanas y un ambiente que te tentará a echar raíces. Aquí te dejamos cuatro de los mejores cafés:

LOT 51

En Ilisia, Lot 51, hay algo del café que el artista pop americano Ed Ruscha habría abierto si hubiese sido barista en Malibú. Luces de neón coloridas y ambiente tropical, ¡lo tiene todo! Empieza el día con un brunch dulce o salado y termínalo con un cóctel refrescante. ¿Y los cafés? Son del famoso tostadero de café Area 51 Coffee Roasters, cofundado por Konstantinos, el dueño de Lot 51.

LOT 51
PAPADIAMANTOPOULOU 24B
ILISIA, 115 28

LUN - VIE: 7 h / 00:30 h
SÁB: 8 h - 00:30 h
DOM: 9 h - 00:30 h

+30 693 733 7066

ANANA

En uno de los edificios Bauhaus más bonitos de Atenas, construido en 1936 y rehabilitado, Anana es uno de los lugares más divinos donde tomar café con amigos. Es grande, tiene muchísimas plantas verdes y un patio donde se congrega una mezcla ecléctica de clientes. Anana está orgulloso de comprar café de calidad a los pequeños productores que también lo tuestan. ¡Ah, por cierto!, aquí encontrarás la mejor carta de platos y pasteles veganos de Atenas.

ANANA
PRAXITELOUS 33
MONASTIRAKI, 105 60

LUN - VIE: 8 h - 21 h
SÁB: 8:30 h - 20 h
DOM: 10 h - 20 h

+30 21 1115 1788

THIRD PLACE

Entre montones de objetos de diseño exuberantes de Third Place, creerás que estás en el *concept store* del futuro. Pero Third Place no solo apuesta por el estilo: su gama de cafés es asombrosa. Su nombre tiene su origen en el concepto "tercer lugar" acuñado por el sociólogo Ray Oldenburg, un lugar agradable donde la gente se reúne cuando no está ni en el trabajo ni en casa. Y aquí, es totalmente cierto.

KICK

El benjamín de los templos de café en el barrio de Kypseli, en plena metamorfosis: Kick, café/concept-store/centro de arte, obra de los creadores de la marca de ropa Indiego. Junto a su propia colección, encontrarás otras marcas griegas pequeñas de *skate* y del arte de vivir, así como cerveza artesanal de barril y deliciosos pasteles de Eri Bakes Vegan y Cookie Dude.

THIRD PLACE	KICK	
THIRD PLACE **APOLLONOS 23B** **SYNTAGMA, 105 57**	**KICK** **SPORADON 26** **KYPSELI, 113 61**	
LUN - SÁB: 10 h - 20 h +30 21 1182 4014	LUN-VIE: 9 a 22 h +30 21 1119 0369 SÁB: 10 /22 h DOM: 10 / 21 h	

11

MONTA EN BICI
CON LOS PUNKS

La mayoría de los griegos te dirán que hay que estar loco para montar en bici en Atenas, entre el calor, las colinas y los conductores. Pero sal una noche de paseo por el barrio de Psiri, un laberinto de callecitas otomanas repletas de tiendas, y te encontrarás con un grupo variopinto de ciclistas con una cerveza en la mano. Bienvenido a la calle Melanthiou, en pleno renacer tras haber sufrido un periodo de crisis. Vicious Cycles Athens y The Handlebar (el bar de al lado) son el cuartel general de los ciclistas *underground* de Atenas. Vibrante en verano, la calle Melanthiou suele estar cerrada para carreras clandestinas, fiestas al aire libre y conciertos de música punk, de lo que se alimenta este microcosmos ciclista en plena efervescencia.

 **VICIOUS CYCLES ATHENS
ET THE HANDLEBAR
8 MELANTHIOU
PSYRRI, 105 54**

LUN - SÁB: 12 h - 1 h

   FOTOS: THEO MCINNES, ANGELOS GIOTOPOULOS (ARRIBA)

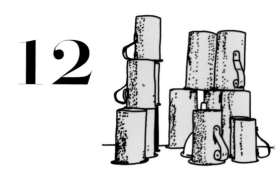

12

LA TABERNA QUE
QUIERE MANTENERSE
EN EL ANONIMATO

Evita caer en la tentación de comprar las coloridas hierbas y especias de la calle Evripidou o los dulces que se venden alrededor del mercado central de Varvakios, y reserva el apetito para comer en Diporto, ni más ni menos que la taberna más típica y antigua del centro (fundada en 1875). Baja por una trampilla al sótano de un edificio decrépito enfrente del mercado y verás a Dimitris, el maestro de ceremonia de pelo canoso, que trabaja en una cocina abierta igual de grande que un pañuelo.

Aquí no hay carta, tan solo el plato del día. Ejemplo de festín: pescado fresco de la mañana con garbanzos, patatas y calabacín, pan crujiente y una copa de Moschofilero blanco servido directamente de los enormes barriles que están alineados contra la pared. Nada de lujos, y si por casualidad pides un cuchillo, te contestarán amablemente que te vayas a donde los griegos de Kolonaki (el barrio elegante).

Ven pronto o fuera de temporada si prefieres estar rodeado solo de atenienses.

DIPORTO
9 SOKRATOUS
OMONOIA, 105 52

LUN - SÁB: 8 h - 19 h
DOM: cerrado

13

DESCUBRE LAS MEJORES
HIERBAS DEL MUNDO

Las hierbas aromáticas son la base de la cocina mediterránea. En Daphnis and Chloe, una impresionante tienda en Neos Kosmos, y que además tiene laboratorio, encontrarás hierbas y especias de sabores increíbles, procedentes de pequeños productores ecológicos de toda Grecia. Aquí, la variedad topográfica es sinónimo de una increíble diversidad porque muchas son regiones aisladas con su propio microclima y no hay nada mejor para cultivar las mejores hierbas del mundo.

Cada producto es el resultado de meticulosas investigaciones y todo el proceso, desde la cosecha hasta el tratamiento y el envasado, ha sido ideado por la fundadora Evangelia Koutsovoulou para que tengas la impresión de que provienen directamente de las islas o de las montañas. Apuesta conseguida. Tómate tu tiempo delante de la mesa de degustaciones: te contarán todo sobre los sabores y las propiedades de cada hierba y te darán trucos para sacarles partido en tu cocina. ¿Te llevarás tomillo silvestre, orégano de las islas egeas o menta poleo, la preferida de la Antigüedad?

 DAPHNIS AND CHLOE
MANDROKLEOUS 19
NEOS KOSMOS, 11744

LUN - VIE: 10:30 h /- 17:30 h (por reserva)	+30 210 924 1012	daphnisandchloe.com

HERBS

Evangelia Koutsovoulou, fundadora de la tienda Daphnis and Chloe, ha seleccionado las hierbas aromáticas más emblemáticas de la gastronomía griega. Lo vas a saber todo de ellas, desde sus sabores hasta sus propiedades.

PEQUEÑA GUÍA DE LAS
HIERBAS AROMÁTICAS GRIEGAS

EL TÉ DE LAS MONTAÑAS

Recolectada a más de 900 metros de altura, esta delicada planta es la tisana nacional. Rica en antioxidantes y naturalmente sin cafeína, es la estrella de las infusiones, a tomar sin moderación caliente o fría. Poco conocida en el extranjero, está en todas las cocinas griegas.

EL ORÉGANO GRIEGO

El orégano es sin duda alguna la especia que más se usa en la gastronomía griega. Y no es de extrañar porque es en Grecia donde crece lo mejor de todo el Mediterráneo. Existen distintas variedades, pero los ramilletes de orégano de las montañas están deliciosos.

FLORES DE TOMILLO SILVESTRE

Estas flores brotan en los arbustos que crecen a orilla del mar en mayo. Totalmente distintas al tomillo de los supermercados, es difícil encontrarlas debido a su laboriosa cosecha. Desmenuza dos o tres flores sobre unos calabacines asados, echa un chorrito de aceite de oliva y de zumo de limón, y ya lo tienes: el aderezo griego por excelencia.

EL DÍCTAMO DE CRETA

El díctamo es una planta endémica de Creta y no la encontrarás en ningún otro sitio. Según la leyenda, es la hierba del amor y es tan difícil de cosechar que hay que estar loco de amor para realizar semejante faena. Al paladar sabe como una tisana sofisticada con su característico amargor.

LAS HOJAS DE LAUREL

Indispensables en todo el Mediterráneo, las hojas de laurel son la baza secreta de la cocina griega. Las personas que consideran que no sirven para nada, ¡no han probado nunca unas hojas sabrosas! Aquí, nada de cocinar un ragú, una sopa de lentejas o higos confitados sin unas hojas de laurel.

14

HAZ LA COMPRA
EN EL ÁGORA

A diferencia de otras grandes ciudades europeas, donde la construcción de mercados carísimos llega demasiado tarde para competir con los supermercados todopoderosos, Atenas nunca ha perdido su relación con los productores. El *laiki ágora* forma parte del día a día desde siempre. De hecho, su nombre significa "mercado del pueblo".

Todas las semanas venden productos de temporada (verduras, pescado, carne, productos lácteos, incluso ropa, etc.) procedentes de las granjas de los alrededores de Atenas y de toda Grecia a un precio muy económico. Si quieres visitar uno de los mercados más grandes, ve el sábado por la mañana a la calle Kallidromiou, en Exarcheïa. Puedes ir tanto para hacer las compras como para vivir un trozo de vida local donde se entremezclan conciertos, cafés, chismes y romances. Pero, independientemente de dónde estés, siempre tendrás un *laiki ágora* cerca; pregúntales a los vecinos para saber dónde está.

 LAIKI AGORA
KALLIDROMIOU
EXARCHEIA, 114 73

SÁB: 7 h - 15 h

SAILING CLUB N.O.78
MARINA DELTA
KALLITHEA, 176 74

LUN – SÁB: principio de las clases
entre las 9 h y las 11 h
Duración: entre seis y ocho horas

+30 697 540 1075

no78.gr

15

HAZTE A LA MAR
BAJO LOS AUSPICIOS DEL ATENAS

Pocos barcos tienen una historia tan interesante como el Atenas. Este velero de madera tradicional fue un encargo del difunto Kostas Gouzeils, arquitecto emérito, documentalista y cronista apasionado por el mar Egeo y por todos los que viven y navegan en sus aguas.

El Atenas, cuya botadura se celebró en 2011, se construyó en el astillero Kanonis en Egina mediante técnicas navales tradicionales: casco de madera de Symi y dos mástiles (bratsera). Sus velas son las de un junco chino porque Gouzeils quería "alas de dragón sobre la espalda de Poseidón" como señal de su amor por el viaje, la aventura, el mundo. Antes de soltar amarras, mira sin falta *Athena Ex Nihilo*, documental que rinde homenaje a los astilleros de Atenas y a la construcción naval tradicional griega.

Una vez a bordo del Atenas, pon rumbo al golfo Sarónico durante una clase de vela personalizada para ocho personas del mismo nivel. Salida de Marina Delta en Kallithea, lo más cerca posible del centro de Atenas por vía marítima, justo enfrente del centro cultural de la fundación Stavros Niarchos. Tu capitán: Stelios Noutsos, miembro del equipo olímpico griego y organizador de la regata Okeanida, uno de los eventos que no hay que perderse en Atenas en otoño si te gustan los barcos de madera clásicos y contemporáneos.

16

EXPLORA
UN CASTILLO
ABANDONADO

Se rumorea que hay un palacio real abandonado bien escondido en las colinas que rodean Atenas, y que se pueden explorar sus edificios que se marchitan poco a poco. Se cuenta que hay coches de lujo oxidados en los polvorientos garajes, como si hubiesen echado a sus antiguos ocupantes de la noche a la mañana. No son solo rumores: efectivamente, a 35 kilómetros de Atenas está el palacio Tatoï, la residencia de verano de la antigua familia real griega.

Desde que el rey Constantino se exiliase tras el golpe de Estado de 1967, el palacio y sus dominios han quedado en el abandono. Los proyectos para transformarlo en museo no han visto nunca la luz, y la propiedad cae poco a poco en ruinas en medio del bosque ofreciendo un espectáculo lleno de melancolía. El viñedo, los garajes, el cementerio, los establos y la piscina (vacía) siguen siendo accesibles para los paseantes. Es el lugar ideal para hacer senderismo o recorrer con una bici de montaña los senderos que delimitan este amplio lugar, antídoto atemporal del incesante ruido de Atenas.

 PALACIO REAL DE TATOÏ
TATOIOU
ACHARNES, 136 72

FOTO: MANOS CHATZIKONSTANTIS

17

LOS CINES
BAJO LAS ESTRELLAS

Es imposible cansarse de ir al cine a ver películas antiguas al aire libre. Como todos los veranos, uno no sabe qué elegir. En la cartelera: clásicos neorrealistas italianos, películas de terror vintage, incluso últimas producciones hollywoodienses, todas en V.O.S.G. (subtituladas en griego – algunas películas se subtitulan en inglés si están en un tercer idioma). Todos los guías recomiendan el Cine Paris y el Cine Thision, pero si te aventuras a unos minutos del centro descubrirás unas auténticas joyas retro. No te arrepentirás del viaje porque también te divertirás independientemente de lo que haya en la gran pantalla.

El más antiguo, el Aegli, en los jardines del Zappeïon, data de 1903. El Riviera, en Exarcheïa, es un auténtico palacio del cine, aunque el espectáculo se desarrolle en los balcones situados sobre la pantalla. En cuanto al Cine Palas de Pangrati, su estética art déco neón recuerda a la edad dorada del cine y no ha cambiado prácticamente nada desde que se inauguró en 1925.

Nuestro preferido: el Cine Oasis, cuya pantalla está ubicada entre edificios altos. Es imposible vislumbrarlo en medio de esa jungla de jazmines, camelias, estatuas antiguas falsas y objetos kitsch sobre la temática del cine. Mágico.

📍 **RIVIERA** VALTETSIOU 46 EXARCHEIA, 106 81	**CINE PALAS** IMITTOU 109 PANGRATI, 116 33	**CINE OASIS** PRATINOU 7 PANGRATI, 116 34
+30 21 0384 4827	+30 21 0751 1868	+30 21 0724 4015

CINE RIVIERA

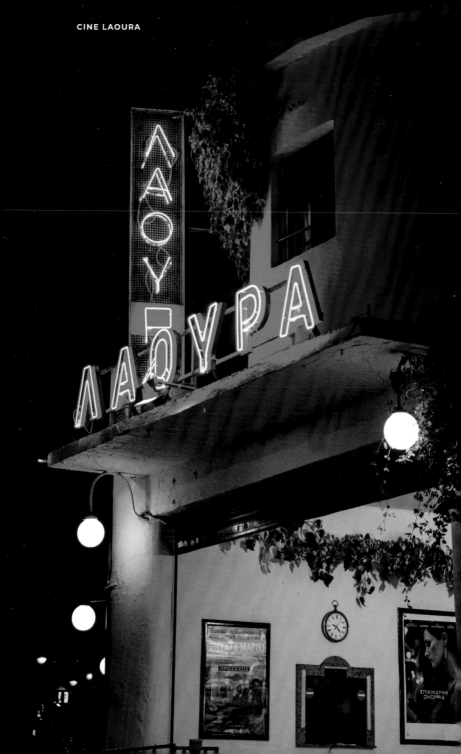

18

ENCUENTRA
TU COMUNIDAD

Muy a menudo se oye la palabra Communitism antes de ver lo que es. Esta antigua villa con un laberíntico taller parece estar a punto de desplomarse en cualquier momento. A la espera de que termine la lenta reforma de este espacio artístico gestionado por la comunidad, puedes asistir a algunos de los eventos más increíbles y originales de Atenas: debates políticos, exposiciones, música de los Balcanes, *raves*... Es un poco como la lotería, es imposible saber qué te vas a encontrar, pero pocos lugares encarnan tan bien la creatividad caótica de Atenas como Communitism.

COMMUNITISM
KERAMIKOU 28
METAXOURGEIO, 104 36

Buscá los eventos en la página de web

communitism.space

FOTO: THALIA GALANOPOULOU

AGIA FANFARA

FOTIS FOTINOGLOU & THODORIS KASSAVETIS

19

LA NUEVA
COCINA GRIEGA

Para el ojo inexperto, Fita no tiene nada de especial. Una taberna de barrio como cualquiera, sí. ¿Y entonces? No te dejes engañar. Creada por Fotis Fotinoglou y Thodoris Kassavetis, Fita es una oda a la sencillez, a la frescura y al sabor. Cada mañana, los chefs empiezan yendo al mercado para comprar los mejores productos de temporada a los pequeños productores. De regreso a los fogones, son esos productos los que dictan el viaje gastronómico que cambia cada día.

Dados los antecedentes de alto nivel del tándem de chefs/propietarios, la sencillez del lugar es fascinante. Curiosamente, la taberna está situada justo al lado del tranvía de Neos Kosmos. Pero en Fita, incluso los clientes más exigentes se marchan colmados. Los platos, razonables, hablan por sí solos: clásicos griegos como la vlita o las sardinas a la parrilla servidas sin florituras, pero con una atención por el detalle impresionante, guarniciones innovadoras y mezclas que están de muerte. Fita es la encarnación de lo mejor de la cocina ateniense contemporánea.

 FITA
NTOURM 1
NEOS KOSMOS, 117 45

MAR - VIE: 19 h - 00 h
SÁB: 14 h - 00 h
DOM: 14 h - 18 h

+30 211 414 8624

20

CORRE COMO
UN OLÍMPICO

Sí, si prefieres puedes pagar para entrar en el Kallimarmaro (el estadio Panathinaikó), construido para albergar los primeros juegos olímpicos modernos en 1896, en un lugar donde las proezas atléticas ya iban bien encaminadas desde el año -330. Pero para correr o pasear al perro, los locales prefieren acceder por la entrada trasera del parque que está al lado. Lo mejor: unas majestuosas vistas del estadio de mármol blanco. No te detengas en el camino y sube a través de los árboles del Arditós, la colina situada al oeste del estadio. Impresionantes vistas del centro de Atenas y de la Acrópolis garantizadas.

KALLIMARMARO
ARCHIMIDOUS 16
PANGRATI, 116 36

Accede por la entrada, cruza el patio y sube a la derecha

- LOST ATHINA -

EN BUSCA DEL ATENAS *UNDERGROUND*

Ya sea organizar carreras de bici clandestinas o exposiciones de arte callejero en los edificios abandonados, Lost Athina nunca se aleja de la energía urbana que corre por las venas de Atenas. El cineasta y fotógrafo Angelos Giotopoulos está a la cabeza de un trío greco-australiano que quiere honrar las subculturas y el lado oscuro de Atenas.

¿Qué fue lo que te convenció para dejar Melbourne por Atenas?
La libertad. En Melbourne te mueves con total libertad, pero después de haber vivido en Atenas, la diferencia es brutal. Te llevas vida en estado puro todos los días. Como fotógrafo documental, veo historias en todas partes. Pero, más allá de mis necesidades profesionales, el simple hecho de existir en medio de este tejido es fascinante.

¿Cómo ves Atenas?
Como un lugar donde puedes perderte con los ojos abiertos.

¿Qué tiene de especial la cultura ateniense?
En mi opinión, Atenas sigue su curso. Cuando has tocado fondo, ya solo te queda remontar. La crisis le ha dado a la gente nuevas razones para luchar, para pensar de una manera diferente y para reflexionar sobre las dificultades del momento. La cultura *underground* ha prosperado porque ofrecía un refugio para soportar mejor la realidad. La gente nunca ha dejado de creer, aunque la creación ahora es menos notoria.

¿Cuál es el propósito de Lost Athina?
Lost Athina es una oda al alma pura de la ciudad. Atenas te pone un montón de cosas en el camino: obstáculos y oportunidades. Todo está en conectarse a su frecuencia única. Queremos celebrar el día a día ateniense y recordar a sus habitantes que Atenas merece la pena.

¿Uno de tus must en Atenas?
Voy a hacer trampas y contestar "las calles". Verás más cosas en ellas que yendo a un lugar específico.

Descubre más historias urbanas en fotos y vídeos en @LostAthina

21

CULTIVA TU PROPIA
JUNGLA URBANA

Desde su elegante tienda en Exarcheïa, Ifigenia y Vassilis, los dueños de Kopria, hacen campaña para que Atenas reverdezca, una planta tras otra. Por más que Kopria signifique estiércol, en esta tienda sofisticada, todo huele a rosas.

Como lo ideal no es comprar una planta cuando estás de viaje, la tienda también vende una preciosa gama de cerámicas hechas a mano, revistas independientes de Grecia y de otros lugares, bolsos y otros hallazgos; para encontrarlos basta con abrirte camino por su selva de plantas trepadoras, hojas y arbustos. El espacio cuenta con una galería de arte y organiza eventos y debates sobre casi todos los temas, desde el arte hasta el desarrollo sostenible y el entorno urbano. Su surrealista cuenta de Instagram te hará reír con sus *gags* visuales hecho con plantas, incluso cuando ya estés lejos de Atenas.

KOPRIA
ERESOU 30
EXARCHEIA, 106 80

LUN - VIE: 11 h /-21 h
SÁB: 11 h - 19 h

+30 211 113 2535

Instagram: @kopriastore

FOTOS: KOPRIA

whatever makes you grow

kopria

22

EL CENTRO DE ARTE
JUNTO AL PIREO

Una pequeña calle en el antiguo barrio industrial cerca del Pireo, curioso lugar para un nuevo centro de arte internacional. La calle Polidefkous volvió a la vida hace poco con el bar de vinos Paleo Wine Store, que ofrece una gran selección de vinos con increíbles platos en un antiguo almacén reformado con cariño. Al poco, se unió la Rodeo, llegada de Estambul para instalarse en un espacio insólito que podría casi eclipsar sus prestigiosas exposiciones de arte contemporáneo. Y por último, la apertura de los espacios de arte Intermission y Carwan, antigua galería de Beirut que da protagonismo a los creadores de Oriente, anuncia la consagración de esta calle como destino cultural decididamente insólito.

PALEO WINE STORE POLIDEFKOUS 39 PIRAEUS 185 45	**RODEO** POLIDEFKOUS 41 PIRAEUS 185 45	**CARWAN GALLERY** POLIDEFKOUS 39 PIRAEUS 185 45	
LUN - SÁB: 18:30 h - 00 h +30 210 412 5204	MIÉ - SÁB: 14 h - 22 h +30 210 412 3977	MIÉ - SÁB: 14 h - 20 h +30 210 411 4536	

23

EL MEJOR PESCADO
DE TU VIDA

Cuando salgas de Dourabeis, tendrás mucho que digerir. En sentido propio y en sentido figurado. ¿Pero cómo se pueden conseguir tantos sabores con ingredientes tan modestos? No hay que olvidar que este restaurante de pescado es famoso tanto por su pesca del día como por su ensalada del chef: tomates pelados, flores de rúcula silvestre, cogollos de lechuga, rábanos, pimientos y otros ingredientes en una genial mezcla. Aquí, asan el pescado sin aderezos ni adobo. Los jugos se deslizan por la cerámica y el hierro fundido de la enorme parrilla hecha a medida, y se sirve en forma de pescado ahumado. Resultado: cada trozo es de una complejidad y riqueza increíbles.

¿Cómo unos platos tan sencillos pueden ser tan impresionantes? Como todos los grandes artistas, los Dourabeis dan la impresión de que todo es fácil. Y ello, desde 1932. Ya son tres generaciones que no escatiman esfuerzos para ser los maestros en el arte de conseguir el mejor pescado y cocinarlo a la perfección. El objetivo buscado es evitar que encuentres un pescado más exquisito en todo Grecia – o en el mundo. ¿La velada veraniega perfecta? Una cena en Dourabeis y luego un paseo a orillas del mar hacia Mikrolimano, Marina Zea y viejos puertos situados entre las rocas de Peiraiki, para ver entrar y salir los barcos del Pireo durante la puesta de sol.

 DOURABEIS
AKTI DILAVERI 29
PIRAEUS, 185 33

TODOS LOS DÍAS: 12 h - 00 h   +30 210 4122092

- NIKOS VATOPOULOS -

AUTOR Y EXPLORADOR URBANO

Háblanos de tu relación con Atenas.
Nací en 1960 en Kypseli, un antiguo barrio de la clase media. Crecí con las historias de Atenas; con ellas se forjó mi imaginación, lo que siento por la ciudad. Recorro Atenas a pie desde mi juventud, solo por placer. A veces me pregunto si soy uno de esos auténticos paseantes tan queridos por Beaudelaire, o sencillamente un curioso al que le encanta pasear.

Sueles decir que la Atenas moderna es una incomprendida.
Los visitantes se olvidan a menudo de que Atenas es joven. Sí, tiene ruinas de la Antigüedad, pero hace tan solo 150 años era una ciudad relativamente modesta para ser ahora una ciudad europea. Se puede decir que Atenas es la Brasilia del siglo XIX: una ciudad deseada por los urbanistas como la capital moderna de una nación moderna, pero en los años 1830.

¿Qué es lo que más te interesa de ella en la actualidad?
Puedes ver arquitectura Bauhaus, art déco, modernista, neoclásica y contemporánea, en cualquier calle, incluso ruinas antiguas, que tienden a aparecer sin previo aviso.

¿Qué es lo que más te gusta compartir con los visitantes?

A mis amigos los llevo a las colinas antiguas, que no son tan conocidas. Pasamos por la Acrópolis, evidentemente, pero también por la colina de las Musas, la de las Ninfas y la de Pnyx. Están llenas de poesía. Desde ahí, se puede comprender mejor por qué la Atenas clásica resplandecía tanto. Frente al paisaje, con la mirada que llega hasta el mar y las montañas, entendemos el lugar que tiene Atenas en la historia, y en la actualidad.

Para mí, una de las particularidades de la vida ateniense es la convivencia del antiguo mundo y de la nueva cultura que traen los más jóvenes. La nueva generación está creando una cultura ateniense propia, algo que prácticamente no existía cuando yo era joven. Comprender la pluralidad de los estratos de Atenas hace que sea más interesante e intrigante.

Esta entrevista está sacada de *Nikos Vatopoulos: Walking in Athens*, de la serie de pódcast *We'll Always Have Athens*. La puedes escuchar en todas las plataformas de pódcast para conocer más historias fascinantes sobre Atenas. Puedes encontrar más reflexiones de Nikos sobre Atenas en su libro *Walking in Athens*.

24

SALIR
EN BUSCA DEL SOL

Atenas ofrece un espectáculo excepcional y distinto cada día, siempre y cuando encuentres una perspectiva en altura. Gracias a su topografía, los montes Himeto, Parnés y Pentélico rodean la ciudad como si fuesen manos ahuecadas que vierten la ciudad en las aguas azules del golfo de Salamina. Sube lo bastante alto para poder ver los barcos que rodean el puerto del Pireo, con las islas Sarónicas y el Peloponeso a lo lejos. Sin contar con todas las colinas de la ciudad, como la de la Acrópolis, la más famosa, y el monte Licabeto, la más alta. Pero más allá de esta panorámica, también está la mítica luz del Ática, que se extiende sobre absolutamente todo. Su resplandeciente paleta nunca es la misma de un día para otro.

Durante la hora dorada, un simple trayecto por la ciudad, especialmente en los barrios montañosos, se convierte en una experiencia deslumbrante: el sol se pone cruzando el cubo de Rubik de cemento que es Atenas mientras impregna con un aura dorada todo lo que toca. Dirígete, según te apetezca, a la colina rocosa de Strefi encima de Exarcheïa, al mirador de Attiko Alsos o al teatro de Licabeto, donde los coches queman el asfalto y difunden su música pop griega en las largas noches de verano. Pero nada está a la altura del monte Himeto, a unos 1000 metros de alto. Si estás en forma, dedica una o dos horas antes del crepúsculo a llegar a la cima en bici pasando por el bosque de Kesariani. Tu recompensa: una subida empinada por encima de una ciudad majestuosa, y unas vistas que siempre te dejan sin aliento en cada mirador.

MIRADOR DE ATTIKO ALSOS
IPIROU 48
ANO KYPSELI, 114 76

"Attican Grove Viewing Point" en Google Maps

MONTE LICABETO
MONOPATI LYCABETTOU
LYCABETTUS, 114 71

"Lycabbetus Hill Viewing Area" en Google Maps

MONTE HIMETO
PAIANIA, 190 02

"Evzonas (peak) Mount Hymettus" en Google Maps

FOTO: MICHAEL ODELBERTH

KID YOUNG & KAREEM KALOKOH

ATH KIDS

25

EXIGE
PIZZA, PODER
Y RESPETO

Las veladas Brown Sugar Nights, organizadas por el colectivo de moda, música y cine ATH Kids, son la mejor manera de conocer a los artistas que intentan hacerse un nombre en Atenas sobre el escenario mundial del hip hop. Su lema: Pizza, Poder, Respeto. Un buen resumen de la onda lúdica y distendida de estas veladas que mezclan los últimos éxitos, actuaciones de los grandes nombres de Atenas y pizzas para la multitud enloquecida.

Con sus artistas que rapean a la vez en griego y en inglés, el hip hop en Atenas es el camino más corto a una escena multicultural y vibrante de creatividad, pero generalmente lejos de los focos. Si te pierdes una Brown Sugar Night, tienes una segunda oportunidad los martes en una velada *Hip Hop Tuesdays* en Bad Tooth o *New Kids on the Block* en Block 146. Te dejamos cinco canciones para que las añadas a la B.S.O. de tu epopeya ateniense (no te pierdas sus videoclips):

1. Whip Game – Kareem Kalokoh (ATH Kids)
2. Aspri Mera – Negros tou Moria
3. Kipseli – Moose ft. Negros tou Moria
4. Oi Geitonies – Mc Yinka
5. Chop Money – Athliens (Kid Young ft. Moose, Negros Tou Moria & Daree)

BROWN SUGAR NIGHTS CONSULTA LAS REDES SOCIALES	BAD TOOTH KAKOURGODIKIOU 6 PSYRRI, 105 54	BLOCK 146 CHAR. TRIKOUPI 146 NEA ERYTHRAIA, 146 71	
Instagram: @brownsugarpizza	TODOS LOS DÍAS: 14 h - 3 h MAR: velada hip hop	Instagram: @newkiddosontheblock Consulta las redes sociales por las fechas	

26

LA TABERNA DONDE
LAS GALLINAS CANTAN EL REBÉTICO

Este lugar de aspecto un poco cutre está al 100 % en el espíritu rebético, género musical popular que tiene sus raíces en la ciudad, en la zona marginada. Los orígenes de esta taberna única se remontan a 1885. En aquel entonces aquí solo había un criadero de aves en medio de los verdes campos. El criador empezó a ofrecer tentempiés a la gente que venía en carro a llevarse verduras a Atenas. De los tentempiés regados con vino, pasaron al menú completo de *mezze* servido desde una cabaña, luego a un restaurante en toda regla en 1950. Pero no fue hasta 2011 cuando sustituyeron las gallinas que invadían el espacio por estatuillas.

Ábrete paso cada noche entre la multitud de clientes para escuchar rebético acústico mientras saboreas especialidades caseras como la berenjena ahumada y los garbanzos fritos, todo regado con vino y aguardientes sacados de los barriles colocados contra el muro. De madrugada, cuando el tsipouro fluye a mares y las viejas baladas de chicos malos vuelve a sonar, el ambiente se hace intensamente cautivador. En verano, Kottaroú se muda a Métaxou, con el rebético al aire libre.

KOTTAROÚ
AGHIAS SOFIAS 43
KOLONOS, 104 44

METAXOU
PITHODOROU 10
METAXOURGEIO, 104 41

MIÉ - DOM 20:30 h - 2:30 h
+30 210 512 0682

LUN - JUE: 18 h - 1 h
VIE - SÁB: 18 h - 3 h
DOM: 13:30 - 00 h

MIÉ - SÁB: música en vivo (DOM: 15 h)
+30 210 522 9290

27

INMERSIÓN EN
EL ARTE UNDERGROUND DE ATENAS

BIOS es uno de los espacios de arte más famosos de Atenas, con su satélite Romantso, lo que no impide ofrecer una programación de las más alternativas, plurales y progresistas de la ciudad.

La terraza de BIOS tiene unas vistas impresionantes de la Acrópolis, con proyecciones de películas clásicas y de animación. Es imposible aburrirse en las largas veladas de verano que no deberían terminar nunca. En la planta inferior, un teatro, un restaurante efímero y lo que es seguramente uno de los bares más bonitos de Atenas decorado del suelo al techo con antigüedades y viejas propagandas.

Gestionado por la misma organización cultural, Romantso, a 10 minutos andando en la avenida Pireos, alberga un bar con ordenadores, exposiciones y veladas en el tejado en verano y en el sótano en invierno.

BIOS
PIREOS 84
KERAMEIKOS, 104 35

ROMANTSO
ANAXAGORA 3
OMONOIA, 105 52

TODOS LOS DÍAS: 18 h - 3 h
pireos84.bios.gr

LUN – VIE: 9 h - 1 h
SÁB – DOM: 10 h - 1 h
romantso.gr

FOTO: THALIA GALANOPOULOU (ARRIBA), BIOS (ABAJO)

GETAWAYS

Grecia tiene un millar de islas, de las cuales 200 están habitadas. Cada una tiene su encanto propio, así que lo difícil es decidir a cuál ir. Si lo que quieres es sol y arena caliente cerca de Atenas, te dejamos una lista de las islas más bonitas a las que evadirse un día entero o varios.

LA GUÍA DE
LAS MEJORES ESCAPADAS

HYDRA

Leonard Cohen ha contribuido sin duda alguna a la popularidad de esta isla fuera de Grecia, pero Hydra es una isla propicia a la creatividad desde hace tiempo. A dos horas de Atenas, es la isla de los artistas por excelencia. Tiene muchas galerías de renombre y la fundación Deste organiza cada año una residencia de artistas en *Slaughterhouse Project Space* - de hecho, Jeff Koons vendrá aquí en 2022.

EVIA

Evia está unida al continente por una fina lengua de tierra a la altura de Hakida, a una hora al norte de Atenas. Técnicamente, no es una isla exactamente. Pero es tan fácil llegar que sería una pena perderse su salvaje belleza. Evia, es la isla favorita de los deportistas, de los campistas y de los caminantes que vienen a la conquista del monte Dirfi, su punto más alto, o del monte Ochi, con su misteriosa casa del dragón.

KEA

Aunque no se puede comparar con Hydra, Kea está en auge. Al igual que en Hydra, verás yates, y sus villas, a diferencia de las de Hydra, son menos decadentes, y la mayoría de las carreteras son caminos de tierra: ambiente rústico garantizado. También la isla Cícladas es fácilmente accesible desde Atenas, a tan solo una hora en ferry de Lavrio.

AGISTRI

Agistri no es la isla más próxima a Atenas, pero merece la pena quedarse unos minutos más en el ferry tras detenerse en Egina (la primera parada después de El Pireo). Tu recompensa: las transparentes aguas de la playa de Chalikiada. A apenas 15 minutos a pie del puerto de Skala, una pequeña joya rodeada de acantilados que atrae a los espíritus jóvenes y libres de Atenas.

28

TODOS A BORDO
DEL ORIENT EXPRESS

Si Atenas es cautivadora, también se debe a los vínculos que crea entre Oriente y Occidente. ¿Y cuál es el mejor sitio para rendir homenaje a esta tradición que a bordo del antiguo Orient Express? Una locomotora y unos vagones de este legendario tren han sido reconvertidos con amor en un restaurante con bar, sala de conciertos y teatro: el To Treno sto Rouf. Como algunos de los espectáculos exclusivos son en inglés, los que no hablan griego aprovecharán para llevarse una idea de la energía del teatro independiente de Atenas. También encontrarás veladas musicales escandalosas inspiradas en sonidos y estilos de París, de la antigua Constantinopla y de otros lugares, así como un vagón-bar y un vagón-restaurante, para beber y comer. Sin duda alguna, te sentirás transportado.

 TO TRENO STO ROUF
LEOFOROS KONSTANTINOUPOLEOS
ROUF, 118 54

| MAR – DOM: 18:30 h – tarde | +30 210 529 8922 | totrenostorouf.gr |

29

CENAR
EN UNA GRANJA

Los espacios verdes son un bien escaso en la jungla de asfalto ateniense, pero a menos de una hora en coche, la granja Margi ofrece un bucólico descanso. Rodeada de viñedos y olivos, pone de relieve lo que es una granja griega tradicional, así como el saber hacer agrícola que alimenta la escena gastronómica ateniense. Los productos que se cultivan en esta granja también abastecen las cocinas del histórico hotel Margi, en Vouliagmeni.

Desde las hierbas aromáticas a las verduras, desde los olivos a las gallinas y cabras (increíblemente simpáticas), todo es ecológico. Cada semana cambia lo que puedes llevarte en las experiencias privadas. Recoge los huevos y las verduras que acabarán en tu plato y disfruta de un menú de temporada "de la granja al tenedor" elaborado con cuidado por el chef, especialmente para ti, en la cocina exterior. Y todo ello acompañado por una copa de tsipouro, ese aguardiente de orujo destilado a partir de los hollejos de las uvas de la granja.

Una vez saciado por la comida, el aguardiente y la granja, ve al cabo de Sunión, no muy lejos, para admirar la puesta de sol sobre el templo de Poseidón.

 MARGI FARM
THORIKOU
SARONIKOS, 190 10

Experiencias privadas previa
reserva: info@ourfarm.gr

+30 210 9670924

LA DISCOTECA DONDE
SE BAILA COMO EN 1986

Las mejores veladas no deberían terminarse nunca. Y en el Rebound, mítica discoteca, hubo una noche que empezó en algún momento en 1986 y que nunca llegó a terminar realmente. La decoración sigue siendo la misma, igual que la música: sonidos Electro-Darkwave, clásicos independientes de los años 80, algunas canciones euro synth pop. No se cambia una receta que lleva siendo un éxito desde hace décadas. Lo único que ha cambiado es la multitud de seres felices y malditos a los que parece no salirles nunca arrugas. Rebound se ha ganado un estatus legendario entre los artistas: en 2018, la músico grecoamericana Eleanor Friedberger sacó un álbum en honor a su querida "disco goth de los 80".

 REBOUND
MITHIMNIS 43
PLATEIA AMERIKIS, 112 52

SÁB: 00 h - 7 h

En la colección "Soul of", el 31° lugar no te
será revelado nunca porque es demasiado
confidencial, te toca a ti dar con él.

31

COMER UNA HAMBURGUESA CLANDESTINA

Es difícil imaginarse la existencia de este lugar clandestino, bien escondido cerca de la plaza Syntagma, nada menos que en pleno centro de Atenas. Nada de nombres, nada de carteles, nada en el timbre, mucho menos en el ascensor. Por algo este sitio guarda celosamente su anonimato desde hace 42 años.

Pero si por casualidad lo encuentras, tu recompensa estará a la altura de tus esfuerzos: unas vistas espectaculares de toda la ciudad, desde el monte Licabeto hasta el Parlamento griego, desde el monte Himeto hasta el golfo Sarónico y el Peloponeso – todos a tu disposición durante un simple almuerzo. En la carta: sabrosos biftekia (hamburguesas), tortillas, ensalada y patatas fritas.

Para encontrarlo, busca una puerta de lo más normal entre una farmacia y una oficina de cambio. Entra, entra en el ascensor y sube a la última planta. Cuando las puertas se abran, necesitarás seguramente un minuto para recuperarte...

PISTA: PASEA POR EL PERÍMETRO DE LA PLAZA SYNTAGMA Y CONFÍA EN LAS PISTAS EN IMÁGENES

LUN – VIE: 9 h - 17 h

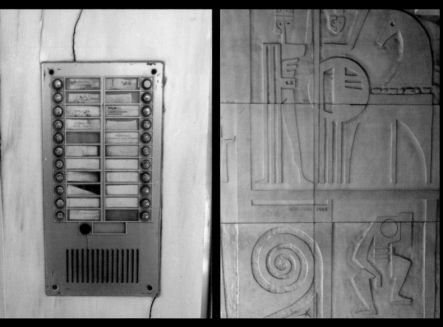

UN ENORME AGRADECIMIENTO A

Todas las personas que me han ayudado a descubrir Atenas y que han compartido conmigo sus opiniones y consejos para terminar este libro. En especial a:

Gareth Jones por haberme puesto sobre las pistas secretas.

Angelos Giotopoulos por haberme sacado de apuros (una y otra vez).

Theo McInnes por sus consejos, su ayuda en la revisión y su inagotable inspiración.

Natassa Pappa por sus ánimos y sus trucos de magia de diseñadora gráfica.

Rachel Howard por todas las oportunidades que me ha regalado (como este libro).

Noni Nezi por sus magníficas ilustraciones y por aguantar "mi manera de hacer las cosas".

Iliana Gioulatou por sus sabios consejos para mis investigaciones.

Nena Dimitriou y a todo el equipo de *Greece Is* por todas las aventuras y los secretos de iniciados.

Penelope Thomaidi por todos sus consejos y su energía en nuestro descubrimiento de Grecia.

Alexia Stamatelatou por haber sido la primera en darme una razón para venir a Atenas.

Thomas Jonglez y Fany Péchiodat por haberme invitado a unirme a esta increíble colección.

Todos los fotógrafos que dan vida a esta guía.

Y por último, a mis padres, **Ray y Maggie**, por haberme enganchado a esta carísima droga llamada "el viaje".

Este libro ha visto la luz gracias a:

Alex King, autor y director creativo

Noni Nezi, ilustradora

Natassa Pappa & Alex King, diseñadores gráficos

Theo McInnes, editor de fotos

Clémence Mathé, editora

Patricia Peyrelongue, traductora

Anahí Fernández Lencina y Lourdes Pozo, correctoras de estilo

Escríbenos a: contact@soul-of-cities.com

Síguenos en Instagram en: @soul_of_guides

Entrevista extraída de *Nikos Vatopoulos: Walking in Athens* del pódcast *We'll Always Have Athens*, de This Is Athens, la guía oficial de la ciudad. Producido por The Greek Podcast Project.

Todas las fotos: ©Alex King o amablemente cedidas por el lugar en cuestión, salvo que se indique lo contrario

Conforme a la ley vigente (Toulouse 14-01-1887), el editor no será responsable de los errores u omisiones involuntarios que puedan aparecer en esta guía, a pesar de nuestra diligencia y las verificaciones por parte del equipo de redacción.

Se prohíbe la reproducción total o parcial de este libro sin la autorización previa del editor.

© JONGLEZ 2022
Depósito legal: enero 2022 - Edición: 01
ISBN: 978-2-36195-437-6
Impreso en Eslovaquia por Polygraf